AF509735

RÉCIT

DES DERNIERS ÉVÉNEMENS

ARRIVÉS

A LA MARTINIQUE.

Les ennemis de la Conſtitution triomphent à la Martinique : le pouvoir arbitraire & tyrannique y eſt rétabli.
La Ville de Saint-Pierre eſt dans la déſolation ; un grand
nombre de Patriotes ſont détenus dans les fers , ils ont
été enlevés de leurs maiſons, ils ont été arrachés, dans la
nuit, des bras de leurs femmes. Ce ſexe timide s'eſt vu
réduit à la cruelle extrêmité de chercher un aſyle pour
lui & pour ſes enfans, il a alors réclamé la commiſération
des Capitaines de Navire qui mettoient à la voile , pour
ſe ſouſtraire à la perſécution, & à une ruine totale.

A

Lk 12 113

Les Citoyens qui n'ont pas été chargés de fers, reftant fous la garde dangereufe du Régiment de la Martinique, qui a violé le Serment Civique dans le mois de Février dernier. Tous les Habitans de cette Ville infortunée, ont été ignominieufement défarmés, fa Municipalité, fa Garde Nationale ont été détruites, l'odieux & ancien Régime a repris toute fa vigueur, le Defpotifme y a commis une infinité d'actes de violence.

Une Lettre du Greffier de la municipalité de Saint-Pierre, répand le plus grand jour fur-tout ce qui s'eft paffé. Les Députés de cette Ville ne fauroient trop s'empreffer d'en donner connoiffance, leur inaction, leur filence feroient un crime.

COPIE

*D E la Lettre écrite par le Secrétaire - Greffier de la
Municipalité de Saint - Pierre , à MM. R U S T E
& A R N A U D D E C O R I O , Députés de ladite
Ville , auprès de l'Assemblée Nationale.*

A Saint-Pierre-Martinique , le 13 Juin 1790.

M ESSIEURS,

V O U S êtes loin de foupçonner l'affreux moment dans lequel nous
fommes ; il eft tel, que la Municipalité même ne peut écrire offici-
ellement, & que je fuis obligé de me dérober pour vous en donner
une imparfaite idée.

M. de Damas a repris le Gouvernement ; l'Affemblée , fans fe dif-
foudre, a déclaré qu'elle s'en rapportoit à la majorité des Paroiffes.
Le Général nous avoit adreffé les Proclamations du Roi & les Décrets
du 28 Mars , lorfque tout l'édifice de notre profpérité a été renverfé ;
& nous fommes tombés dans un état honteux, d'aviliffement, fous le
fer de nos Ennemis, & ne fubfiftant encore que par une efpèce de
prodige. La Gazette ci-jointe vous donnera une idée des événemens
du Jeudi 3 Juin. Nous étions à l'inftant d'être égorgés par les Mulâtres ; c'étoit de cette maniere qu'ils prétendoient obtenir la qualité

A 2

de Citoyens. Je ne puis pas vous diffimuler que la rage du Peuple a été pouffée bien loin ce jour-là ; & parmi les Mulâtres qui ont été pendus, il y en a eu d'arrachés impitoyablement des bras des Citoyens qui vouloient les protéger. M. Dufau lui-même a été maffacré & pendu lorfqu'il eut été important de lui conferver la vie pour l'entendre au moins fur les faits dont il pouvoit donner la révélation.

Le lendemain 4 , nous avons été encore dans une crife violente : des Forcenés vouloient aller poignarder dans les prifons tous les Mulâtres qu'on y avoit conduits. Pour arrêter la rage, il a fallu former une Chambre Provôtale, pour laquelle les Diftricts ont nommé chacun leurs Commiffaires : M. Deffales a été fait grand Provôt; & il eft certain qu'on lui doit le falut de ceux qui n'avoient pas péri dans la premiere journée; l'activité avec laquelle il a travaillé a enchaîné l'effeverfcence, & nous avons eu l'efpoir de fauver des Innocens.

Cependant au premier récit qui a été fait dans l'intérieur de la Colonie , l'Affemblée, prétendue Générale, s'eft mife en action. Les Mulâtres fugitifs avoient rendu tout fous les traits les plus affreux ; & les exagérations de toute efpece ont fait fermenter les efprits à un point inconcevable. On n'a pas vu des Hommes qui avoient été provoqués par des Mulâtres ; on a vu des Brigands, les Affaffins des Mulâtres, & on a pris le parti le plus extraordinaire. L'Affemblée a requis M. le Général d'employer toutes fes forces, Troupes réglées, Marine , Artillerie, Milices, &c. pour marcher à nous, en donnant pour motif, qu'il falloit nous délivrer des Perturbateurs du repos public ; qui ne nous laiffoient aucune liberté, &c... Je vous envoie la réquifition à la fuite de laquelle on a imprimé la Lettre du Général, mais en partie feulement, c'eft-à-dire, qu'elle étoit accompagnée d'une autre Lettre très-forte , qui nous a mis l'allarme dans le cœur, & qui nous a décidé à nous mettre en état de défenfe.

L'Armée s'eft mife en marche, le 9 au matin ; elle étoit compofée de tout le Régiment de la Martinique. On y avoit joint deux des Compagnies de Sainte-Lucie, du Corps d'Artillerie, de la Marine, de tous les Habitans commandés dans tous les Quartiers , & des Mulâtres eux-mêmes.

Le Vaiſſeau l'Illuſtre & deux Brigantins en avoient grande partie à bord. Le Général, à la tête du Corps d'Armée a débarqué au Carbet, d'où ils ont paſſé par les hauteurs juſqúes à l'Hôpital, & nous ont embraſſé de ce côté ; les Brigantins ont débarqué au fonds Canonville, & le Détachement a été bientôt renforcé des Habitans Ariſtocrates du Preſcheur & Quartiers voiſins : on a vu entr'autres M. de Maſſias à la tête. Enfin, M. de Soter eſt venu par le gros Morne & s'eſt emparé du Parnaſſe. De tous côtés, nous étions pris, & par des forces ſupérieures. M. le Maire & M. Dert avoient fait beaucoup de diſpoſitions, mais il y avoit ordre de ne point tirer le premier coup de fuſil ; en ſorte que les ennemis s'avançant de tous les côtés à-la-fois, les poſtes étoient obligés de ſe replier, & ont rentrés en Ville. Jugez de notre ſituation dans toute cette journée ! Le moindre coup tiré, tout eut été exterminé. M. de Pontevès, louvoyoit dans la rade prêt à canoner la Ville, s'il y avoit de la réſiſtance : la mort s'offroit de toutes parts. Comme on avoit mis les Troupes réglées en avant, c'eſt une des cauſes qui a enchaîné l'ardeur de la jeuneſſe : mais on a eu bien de la peine à contenir celle des Flibuſtiers, à la tête deſquels étoit M. Lahorie.

Le ſoir, quand on s'eſt vu inveſti & qu'il n'y avoit aucun moyen de défenſe, la fureur de quelques eſprits s'eſt tournée contre la Municipalité. M. de Thoumaſeau lui-même, a manqué en être la victime. Cependant le Général lui a fait demander la permiſſion de faire entrer ſa Troupe dans la Ville, & il l'a accordée, à condition que les Mulâtres n'y entreroient pas, ce dont le Général a donné ſa parole d'honneur. En effet, ils ſont campés ſur toutes les hauteurs des environs ; où ils ont dévaſté les habitations, & d'où nous les voyons continuellement qui forment à nos yeux un cercle bien honteux à voir.

Les habitans ſont entrés en foule avec le Général, & ſe ſont emparés de l'Itendance où ils font pêle-mêle avec les Grenadiers. M. de Foulon s'eft montré avec une intrépidité rare ; & combien d'orreur il a éprouvé ! Il y a aujourd'hui quatre jours que nous fommes à la merci de nos ennemis. Après deux jours le Général nous a priés de convoquer une Affemblée de deux cens Notables : elle s'eft tenue hier à l'Intendance ; c'eft-à-dire, qu'on s'y eft rendu, mais pour être entaffés de bout dans la plus grande confufion, au milieu de tous ces habitans qui fembloient nous dévorer. M. de Préclair à la tête des Ariftocrates du Fort, a propofé une adreffe de remerciment au Général, aux Corps Militaires, & à l'Affemblée Coloniale, & on difoit là hautement, que ceux qui figneroient feroient les bons Citoyens, & que les autres feroient connus.

Cette propofition nous a glacés : nous fommes fortis, & l'adreffe a été fignée par quelques perfonnes ; cependant la pofition étant critique, on s'eft retiré à la Maifon-de-Ville, où une autre adreffe a été rédigée pour le Général, en confervant, autant qu'il a été poffible, les principes. Le Général a fait l'impoffible pour nous engager à lui faire une réquifition d'agir contre les mauvais fujets ; nous y avons toujours réfifté, & il a pris fon parti.

Cette nuit les Troupes ont été poftées dans toutes la Ville ; des canons dans les rues : les Mulâtres forment le cordon à mi-côte. Des détachemens ont été de côté & d'autres dans les maifons enlever des particuliers, fans diftinction, les Citoyens les plus honnêtes. MM. Duhamel, Enfanton, Toraille, Fourn, le Duff, &c. Plus de cent cinquante ont été enlevés ainfi, fous prétexte de chercher des coupables. Depuis ce matin on en a relâché quelques uns, mais la confternation eft univerfelle ; on les conduifoit à bord de quelques bâtimens ; & pour que cette manœuvre put réuffir, depuis hier on empêchoit ftriĉtement tout le monde de fortir. Nous avons fait des réclamations générales ; mais le Comité, vous le connoiffez, eft là : l'efprit de M. de Damas eft obfédé, il croit travailler pour le bien, & il fert toutes les paffions particulieres. Bon Dieu ! que vous êtes heureux de n'avoir pas vu ces horreur : faites les connoître cependant ; au premier inftant, nous aurons à vous en apprendre d'autres.

Et au dos de la Lettre eft écrit : DUNKERQUE.

A Meffieurs, Meffieurs, Rufte, & Arnaud Décorio, Deputés de la Ville de Saint-Pierre, rue du Mail, N° 30. A Paris.

Quand le Greffier de la Municipalité annononçoit un fecond compte à rendre plus affreux que le premier, il ne fe trompoit pas ; il ne lui a fans doute pas été poffible de donner cette nouvelle preuve de fon zele. Peut-être gémit-il dans les fers ! Les Officiers Municipaux font peut-être comme lui victimes de leur amour pour la Patrie ! On leur aura fait un crime de leur refus à figner l'adreffe de remerciment exigée par les affiégeans, à l'Hôtel de l'Intendance ; leur retraite à la Maifon Commune pour fe fouftraire à cette humiliation, n'aura été regardée que comme un réfiftance criminelle : peut-être enfin, auront-ils été contraints à blâmer leur conduite, & celle du Peuple.

Mais plus on aura employé de moyens, plus on voudra s'efforcer de tirer avantage de leurs aveux, & plus on manifeftera l'oppreffion fous laquelle ils ont gémi.

Les Officiers Municipaux détruits, font dans l'impoffibilité de fe faire entendre & de s'affembler ; mais ce qu'ils n'ont pas fait, ce qu'ils n'ont pas pu faire, les Citoyens de la Pointe-à-Pitre l'ont fait. Ils ont inftruit la Chambre de Commerce du Havre ; fes Directeurs ont envoyé un Courier à leur Député extraordinaire auprès de l'Affemblée Nationale, ils lui ont fait paffer la copie d'une Lettre du 21 Juin, il eft important de la faire connoître, on ne la lira pas fans frémir. La voici.

» Nous vous avons appris la cataftrophe arrivée à Saint-Pierre par les Mulâtres, nous vous aprenons aujourd'hui, que M. de Damas, & M. de Pontevès commandant la ftation, ont invefti Saint-Pierre, par terre & par mer, de dix-fept à dix-huit cent Mulâtres & de beaucoup d'habitans de la Colonie, le tout formant à-peu-près cinq à fix mille hommes ; il s'eft commis des horreurs , il y a eù du pillage. Les Citoyens arrachés la nuit de leurs lits & de leurs maifons , entrainés à bord des Vaiffeaux fur la rade ; les femmes & les enfans fuyant à travers les ténebres , & s'embarquant fur les Navires marchands , les Citoyens défarmés ; des canons de campagne à toutes les iffues de la Ville , & enfin toutes les horreurs d'une ville affiégée dans les regles. Le defpotifme le plus affreux à fuccédé à ce moment de licence ; & il faut que M. de Damas croye beaucoup à une contre-révolution en France pour s'être permis une pareille démarche. Il a plus fait : il a forcé des paffagers venant de Bordeaux , de fe dépouiller honteufement de leurs habits d'uniforme National , & de venir en vefte au Gouvernement , pour obtenir un paffe-port pour venir à la Pointe-à-Pitre. Ce fait eft vrai , & nous le tenons des perfonnes à qui c'eft arrivé. La Ville de Saint-Pierre eft perdue , le commerce eft anéanti , & de long-tems il ne fe relevera dans cette Ville malheureufe.

» Les malheureux habitans de la Ville de Saint-Pierre font forcés de fournir des vivres tous les jours aux Mulâtres qui font campés fur les mornes ; & ils font obligés de nourrir toutes les Troupes qui font chez-eux. Les habitans de la campagne ont agi en vrais brigans , & ils méritent la punition la plus exemplaire pour les attentats qu'ils ont commis avec les Soldats.

cc Plufieurs Navires ont fait voile comme fugitifs , entr'autres un Provençal & un Bordelais. Cette nouvelle caufera certainement beaucoup de peine à la Nation , & il faut efpérer qu'elle en tirera vengeance vis-à-vis des Ariftocrates qui compofent le Corps d'Officiers de l'Armée de Saint-Pierre. On prétend que c'eft un fieur D · · · · fils de celui qui eft dans les Bureaux à Paris , qui eft la caufe de la démarche de M. de Damas ; il fe venge , ainfi que beaucoup d'habitans , des querelles & des humiliations qu'ils ont éprouvés de cette Ville, & qu'ils méritoient par leur mauvaife foi envers le commerce. Nous fommes plus tranquilles à la Guadeloupe ; nos troubles n'ont pas autant d'extention qu'à la Martinique : la fageffe & les lumieres de

M·

M. de Clugny nous ont préfervés des malheurs qui nous menaçoient ; nous lui devons cette juftice, de dire qu'il s'eſt conduit en vrai Patriote.

« *P. S.* Nous venons d'apprendre que le Blocus de Saint-Pierre eſt levé ; on a transféré une certaine quantité de Citoyens au Fort-Royal les fers aux pieds. La Municipalité eſt détruite, & il eſt reſté quatre cens hommes de Troupes pour maintenir l'ordre. Les Mulâtres ſe ſont retirés en Corps d'Armée au Fort-Royal, et Saint-Pierre eſt abſolument ſur l'ancien Régime. Il faudra voir comment cela ſe paſſera à l'Aſſemblée Nationale.

D'autres Lettres annoncent qu'on a forcé l'Intendant à établir tous les Bureaux de l'Adminiſtration au Fort-Royal : on veut donc faire de cette Ville de guerre la ſeule place de commerce de la Colonie? On n'a conſervé qu'un Imprimeur avec Privilége excluſif, les autres ont été proſcrits ; il n'eſt pas étonnant qu'on s'oppoſe à la liberté de la preſſe, dans un pays où l'on enleve à ſes Habitans juſqu'à la pré-cieuſe faculté d'exprimer de vive voix leur façon de penſer, & où l'on force les Officiers Municipaux à trahir le témoignage de leur conſcience, pour donner des éloges aux Oppreſſeurs du Peuple.

Telle eſt l'affreuſe ſituation de la Ville de Saint-Pierre !

Son commerce eſt détruit ; ſon territoire eſt dévaſté ; des peres de famille empriſonnés ; leurs femmes, leurs enfans ſont errans & fugitifs ; les Dépoſitaires des fonds appartenans à des Négocians d'Europe ſont dans les fers ; des Capitaines de Navire ont abandonné une partie de la fortune de leurs Armateurs ; ceux qui n'ont pas fui ne recouvre-ront jamais ce qui leur eſt dû ; les denrées deſtinées à charger leurs Bâtimens paſſeront à l'Etranger ; tous les malheurs, toutes les pertes qui feront la ſuite de tant d'abus d'autorité, les effets funeſtes que peut produire le plus juſte reſſentiment, ſont incalculables.

Il eſt eſſentiellement du devoir des Députés de la Ville de Saint Pierre de retracer l'état d'accablement & de tristesse dans lequel gémissent leurs Concitoyens. Les augustes Représentans de la Nation pourront seuls trouver dans les vues de sagesse & de justice qui n'ont jamais cessé de les animer, les moyens les plus prompts & les plus efficaces pour prévenir de plus grands maux.

Il entrera dans leur sollicitude de faire constater d'une maniere juste & impartiale la vérité des faits : sans ce préalable, on ne distingueroit pas les amis de la Constitution de ceux qui n'ont jamais cessé de la combattre.

Mais comment dans ces circonstances pouvoir exécuter le Décret du 8 Mars ? Comment connoître le vœu général d'une Colonie dans laquelle on ne veut employer que la loi bayonnette ? Quelle est la liberté qu'on peut se promettre dans les suffrages ?

Une Ville considérable par sa population & par ses richesses, est presque anéantie : ses Habitans oseront-ils présenter leur opinion dans une Assemblé dont la majeure partie sera composée de leurs plus cruels ennemis ? dans une Assemblée où les Assiégeans de Saint-Pierre seront en plus grand nombre que les Assiégés ? Dans une Assemblée où les fils auront devant les yeux ceux qui ont détruit la fortune ou ravi la liberté de leurs peres ? Dans une Assemblée enfin où les Partifans de l'autorité ne s'occupperont qu'à inventer de nouveaux moyens pour perpétuer la contrainte & priver les vrais Patriotes des avantages de la Régénération.

Puisse l'Assemblée Nationale par son habitude constante à surpasser nos espérances dans les moyens d'opérer le bien, détruire tous les obstacles & faciliter un rapprochement que tout, dans ce moment, fait regarder comme impossible.

Le siége de la Ville de Saint-Pierre qui a eu lieu le 9 Juin dernier, auroit été entrepris deux mois plutôt, sans la médiation du Gouvernment, & des Députés de l'Affemblée Nationale de la Guadeloupe; la preuve en est dans les Pieces soumises à l'examen du Comité Colonial.

Elles constatent que la Municipalité & la Garde Nationale formée par le Peuple au Fort-Royal, ont été détruites; que les Grenadiers, les Chasseurs du Régiment de la Martinique & une Troupe des Gens de couleur libres, avoient été armés pour favoriser la nomination de nouveaux Officiers Municipaux dont le pouvoir feroit fubordonné à celui du Gouverneur.

Les mêmes moyens ont été mis en ufage à Sainte-Marie; chaque jour voyoit groffir cette Armée; elle répandit l'épouvante au Quartier de la Grande Anfe : les Habitans de cette Paroiffe en auroient été les victimes, fans la prudence du Maire.

Ces Pieces prouvent qu'on avoit fait une trace dans les bois, pour venir affiéger Saint-Pierre & s'en emparer; qu'on avoit diftribué des fufils; qu'on s'étoit muni de canons de campagne : le rapport des Médiateurs, ne laiffe rien à defirer fur ces objets.

« Nous affurons de plus, y eft-il dit, que les Milices de couleur que l'on avoit fait pofter en avant ces jours derniers, font rentrées ; & que les Troupes qui étoient à la Trinité ont été rappellées; que tout appareil de guerre a difparu, & les canons remis dans les arfenaux; qu'il n'a été délivré aucune arme depuis que M. le Baron de Clugny en a donné l'ordre; que la *diftribution des fufils fuivant les états qui nous ont été repréfentés, fignés du Garde-magafin & de l'Officier commandant l'artillerie, n'excédoit pas le nombre de mille quatrevingt-fept* & que nous fommes certains que les intentions de M. le Baron de Clugny, manifeftées aux Officiers-Commandans feront exacment fuivies.

« *Quant à la trace commencée pour venir du Gros-Morne à St.-Pierre,* fans vouloir approfondir par qui elle a été ouverte, ce qui engageroit encore une difcuffion ; M. le Baron de Clugny auroit déjà donné des ordres pour la détruire & la fermer, s'il n'avoit pas jugé convenable d'en prévenir la Ville de Saint-Pierre, ce qu'il va faire après notre compte rendu.

De cette déclaration réfultent deux faits majeurs & décififs: 1°. qu'il a éxisté un armement de Troupes de Ligne & des Gens de couleur pour détruire les Municipalités, dont les réglemens n'étoient pas conformes à l'ancien Régime, pour détruire les Gardes Nationales & leur subsituer des Milices anciennes : 2°. Qu'on avoit pratiqué une trace dans les bois pour aboutir à Saint-Pierre par des chemins détournés & inconnus.

Une médiation honorable, mais soutenue par plus de trois mille Patriotes des Isles Françoises du Vent, fit échouer ces projets hostiles ; elle suspendit les effets du ressentiment sans en détruire la cause.

Les malheureux événemens arrivés le 3 Juin dernier, ont réveillé une haine implacable ; le bien Public n'a été qu'un prétexte pour satisfaire des passions particulieres.

On a éprouvé à Saint - Pierre, comme dans plusieurs Villes du Royaume , que tous les efforts de la prudence humaine, sont impuissants pour empêcher des événemens désastreux , quand il n'a pas été possible de les prévoir.

Il eût été à désirer que le Peuple eût enchaîné sa vengeance pour réclamer celle des Loix, qu'il eût pu écouter la voix de ses Officiers Municipaux : mais entraîné par la force des circonstances qui lui présentoient le danger le plus imminent pour sa vie, il n'a plus été le maître de contenir son indignation, & d'arrêter les progrès de sa fureur.

Les Membres de l'Assemblée Coloniale, au nombre de trente-huit, n'ont écouté que les Mulâtres fugitifs ; ils ont requis le Gouverneur-Général de diriger contre la Ville de Saint-Pierre les Troupes réglées, Artillerie, Marine , Milices , &c. Ils lui ont persuadé que c'étoit venir au secours des Citoyens, & à celui des Officiers Municipaux, opprimés par les brigands.

M. de Damas étoit instruit des sentimens d'inimitié qui animoient les Députés à l'Assemblée contre les Citoyens de Saint-Pierre ; il n'ignoroit pas que c'étoient les mêmes personnes qui avoient requis dans le mois d'Avril précédent, l'exercice du pouvoir exécutif contre toutes les Paroiffes qui ne vouloient pas fe foumettre à leurs délibérations ; il auroit dû fe prémunir contre-des inftructions auffi fufpectes.

Les Officiers Municipaux lui avoient rendu un compte exacte de ce qui s'étoit paffé ; ils lui avoient expofé les motifs de leur conduite , la tranquillité étoit rétablie ; plus la Ville de Saint-Pierre eft confidérable par fa population & par fes richeffes , & plus il falloit rejetter les moyens qui ne pouvoient tendre qu'à la ruiner & à la dépeupler.

Si la Ville de Saint-Pierre exifte encore , fi elle n'eft pas réduite en un monceau de cendre, fi fes Citoyens n'ont pas tous perdu la vie, ce n'eft point au Gouverneur-Général que la gloire en eft due.

On ne peut l'attribuer qu'aux Officiers Municipaux, à leur zele , à leur activité , à leur prudence , à cet heureux afcendant, que les vertus du Maire & du Commandant de la Garde Nationale leurs ont donné fur les Patriotes.

Ils ont fait toutes les difpofitions d'une défenfe légitime ; mais ils ont obtenu qu'aucun Citoyen ne fe portoroit à l'extrêmité de tirer le premier coup de fufil. L'ardeur de la jeuneffe a cédé aux repréfentations , le courage des Marins a été enchaîné par la perfuafion.

La Lettre du Greffier de la Municipalité donne les détails les plus exacts des malheurs qu'a éprouvés la Ville de Saint-Pierre , depuis le 3 Juin jufqu'au 13. Celle qui a été écrite de la Guadeloppe , inftruit fur les évènemens poftérieurs ; mais l'une & l'autre s'accordent parfaitement fur les actes de violence réitérés , fur les ravages commis à la campagne , fur la détention d'une infinité de Citoyens, & fur tous les effets funeftes qu'à dû produire , pendant plufieurs jours , une Armée compofée de cinq à fix mille hommes dans une Ville où chaque Affiégéant regardoit les Habitans comme fes ennemis particuliers , & comme les amis de la nouvelle Conftitution qu'on vouloit détruire.

M. de Damas a fait parvenir au Miniſtre une adreſſe de remerciemens de la Muticipalité de Saint-Pierre, ſur la ſageſſe & l'activité qu'il a manifeſtées dans cette circonſtance importante.

La Lettre du Greffier de la Municipalité nous apprend le cas qu'il faut faire de cette pièce : les Auguſtes Repréſentans de la Nation daigneront conſidérer les circonſtances dans leſquelles ſe trouvoient les Officiers Municipaux ; ils voudront bien peſer les motifs puiſſans qui ont déterminé leurs démarches.

Ils avoient obtenu du peuple qu'il ne commettroit pas le premier acte d'hoſtilité ; c'étoit le ſeul moyen d'éviter les plus grands maux ; mais il falloit encore empêcher l'emploi des forces ennemies, pour diminuer les rigueurs du Deſpotiſme ; il a donc fallu adhérer aux volontés du Chef ; en lui réſiſtant , on eût expoſé la Ville & ſes Habitans aux malheurs dont on avoit voulu les préſerver.

Mais s'il eſt vrai que les Citoyens de Saint-Pierre ont gémi pendant pluſieurs jours ſous l'oppreſſion la plus cruelle ; s'ils ont été honteuſement déſarmés ; s'il n'y a plus dans cette Ville de Corps Municipal & de Garde Nationale ; ſi des peres de famille gémiſſent dans les fers ; ſi l'animoſité a dirigé le choix des victimes ; ſi les ſieurs Thoraille, Enfanton , & tous ceux qui ſont dénommés dans la Lettre , ſont privés de leur liberté, ſéparés de leurs femmes & de leurs enfans, éloignés de leurs affaires de commerce ; ſi l'ancien Régime eſt rétabli dans ſon entier, ſi la liberté même de rendre ſa penſée , eſt interdite, ſi Saint-Pierre eſt gardé par un détachement dont il a tout à craindre ; ſi enfin des Citoyens Français que leurs affaires ont conduits dans les Colonies , n'ont pu avoir accès au Gouvernement qu'après s'être dépouillés de leur uniforme national , que devient alors la juſtification de M. de Damas? Quel avantage peut-il retirer de l'Adreſſe de la Municipalité ?

Les Députés de la Ville de Saint-Pierre n'écoutent en ce moment que la Loi impérieuſe de leur devoir ; elle les oblige d'expoſer l'af-

freufe fituation dans laquelle fe trouvent leurs Concitoyens ; de préfenter le tableau des dangers auxquels ils font encore expofés ; ils ré-
clament avec confiance la juftice de l'Affemblée Nationale , la fageffe
des précautions qu'elle ne manquera pas de prendre , la conduira à la
découverte de la vérité ; mais en attendant que fa religion puiffe être
éclairée, elle daignera s'occuper des moyens les plus prompts & les plus
efficaces pour affurer les propriétés, la liberté , & la vie des malheureux
Citoyens de la Ville de Saint-Pierre.

ARNAUD DECORIO, RUSTE, Députés.

SUPPLÉMENT.

Les malheurs de la Ville de Saint-Pierre , les horreurs qui y ont
été commifes par l'Armée de fix mille hommes qui s'en eft emparée, ne
font que trop vrais.

Il n'eft aucun genre de vexations que les Citoyens Patriotes n'ayent
éprouvés ; les uns font en fuite, les autres dans les fers ; ceux qu;
ont confervés la liberté , reftent foumis à la plus cruelle inquifition ;
ils font furveillés, & gardés par cinq cent hommes du Régiment de
la Martinique.

M. de Pontevès a donné des ordres à deux Capitaines de Navire
Marchand, de recevoir à leur bord les prifonniers qui y feroient
envoyés ; ils ont été forcés d'obéir. M. de Pontevès a voulu en-
fuite qu'on lui rendit les ordres qu'il avoit donnés ; il ne les a pas
obtenus.

Le fait qui concerne les paffagers de Bordeaux dépouillés de l'uniforme National eft exactement vrai. Il l'eft auffi que M. Thoumafeau
Maire, voyant continuer fes hoftilités & les emprifonnemens, malgré
l'Adreffe qu'il avoit fignée pour éviter de plus grands maux, a eu la
noble énergie de préfenter au Général une proteftation pour le rendre
refponfable de tous ces excès. L'Armée en moindre nombre, s'eft portée
dans les Paroiffes Patriotes pour détruire les Gardes Nationales & le
Municipalités.

Dans le nombre de ceux qui gémiſſent dans les fers, d'après les ordres de M. de Damas, ſollicités par les Habitans de la campagne, tous Débiteurs des Négocians de Saint-Pierre, ſont,

MESSIEURS,

Jean-Baptiſte Salles, Négociant, Armateur, frere & aſſocié de MM. Salles freres, de Marſeille, & gérant annuellement pour pluſieurs millions de Cargaiſons françoiſes.
Enfanton, Négociant Armateur de pluſieurs Navires.
Toraille freres, Négocians.
Duperron, pere & fils, Négocians.
Fourn, Négociant.
Fleury, Négociant.
Rougon, pere & fils, Marchands.
Bouron, Rentier capitaliſte.
Meziere, Secrétaire-Adjoint de la Municipalité.
Les deux freres Brouſſard, Négocians.
Les trois freres Hubon, Négocians.
Les ſix freres Duhamel, dont deux Négocians Armateurs, & deux arrivans de France, & un Enfant d'onze ans.
Sabbatier, Ecrivain de la Marine.
Sallet, Négociant.
Conte, riche Capitaliſte.
Molérat jeune.
Montet, Négociant.
La Groſiliere.
Dervillé, Capitaliſte.
Micoulin, Négociant.
Tifendaler,

Le motif de l'arreſtation de ce dernier, c'eſt pour avoir pris l'Uniforme National le premier. Il y a encore plus de deux cens cinquante autres Citoyens arrêtés.

M. de Damas eſt l'agent du deſpotiſme de l'Aſſemblée Coloniale. Les Repréſentans de la Nation ne laiſſeront pas ſans ſecours une Ville dans laquelle on vient d'opérer une contre-révolution auſſi cruelle, par des moyens auſſi tyranniques.

ARNAUD DECORIO, RUSTE Députés.

Je certifie que la liſte des Citoyens détenus, eſt fidelement extraite d'une Lettre que j'ai reçue de la Martinique.

GRANDMAISON.

www.ingramcontent.com/pod-product-compliance
Lightning Source LLC
LaVergne TN
LVHW021608170726
843501LV00010B/3929